<u>Traumverlorenes</u> & <u>Fluggedanken</u>

Gedichte 1995 – 2006

Sonja Buchmann

Traumverlorenes & Fluggedanken

Gedichte 1995 – 2006

Sonja Buchmann

Vorwort der Dichterin

Die großen Themen in meiner Lyrik sind die Liebe, ihre
Magie und manchmal ihre Unmöglichkeit und die
Trauer darüber, und der Versuch, Worte nach
Auschwitz zu finden und den Opfern zu gedenken sowie
die Frage, wie märchenhaft unser Leben sein kann.

Liebesgedichte, Trauergedichte, Lebensgedichte.

Die eigene Poesie zu beschreiben ist ein Kunststück,
das wohl eher selten gelingt. Ich schreibe meine Worte
ja nicht, um darüber zu schreiben, sondern damit sie
gelesen werden.

Deswegen habe ich mich entschlossen, nun zu meinem
30. Geburtstag meine Gedichte selbst zu veröffentlichen
und freue mich über jeden Leser und jede Leserin die
sie finden.

Die frühsten Gedichte habe ich im Alter von 16
geschrieben. Jetzt, vierzehn Jahre später schreibe ich
immer noch.

Traumverlorenes & Fluggedanken

Traumverlorenes: Ich verliere mich in meinen Wörtern und Träumen. Zugleich erschreckt mich die Tatsache, eine Nachausschwitzdichterin zu sein. Viele Träume gingen damals verloren, der Traum von der Unschuld der Menschen, von der Reinheit (!) der deutschen Sprache, der Traum von Zion. Es sind verlorene Träume, die ich suche und die mich suchen, manchmal auch heimsuchten. Obschon ich Schweizerin bin und katholisch erzogen wurde, beschäftigte mich das Thema seit jeher.

Fluggedanken: Ich schreibe im freien Flug, bin erwachsen geworden. Ein Umstand, der sich womöglich in meinen Zeilen widerspiegelt. Als Freifliegende lebe ich mein Leben so wie ich es für richtig halte. Ich habe viel Ballast abgeworfen, nicht aber meine Lieder, meine Gedanken. Diese sind immer noch erdenschwer und immer auch ernst.In manchen Momenten aber sind es nur Träume vom Fliegen denn der Alltag findet auch Eingang in meine Worte.

Nach Auschwitz ein Gedicht zu schreiben ist
nicht barbarisch wie T.W.Adorno schrieb,
sondern lebensnotwendig.

Zürich, den 1.5.2008

Traumverlorenes & Fluggedanken

<u>Sonnenliebe</u>

23.1.1995

Wohin mich die Flügel tragen,

in den unendlichen, ewigen Tagen,

in denen ich leidend untergehe

und Angst habe, dass ich dich wieder sehe,

weil ich dich liebe, liebe, liebe,

und Angst habe,

dass du mich niemals ebenso lieben wirst,

solange die Sonne am Horizont auf - und
untergeht.

<u>Voilà une femme</u>

Nov. 1995

Ein leises Lächeln auf den Lippen,

Krieg in den Augen und

Frieden im Herzen.

Traumverlorenes & Fluggedanken

<u>Nur</u>

11.2.1995

Sie zog den Schleier aus –

Und war nur eine Frau.

Nur eine Frau.

Sie trug keine Maske mehr.

Alles Verführerische, Geheimnisvolle war weg.

Alles Göttliche.

Nur eine Frau.

Er schaute sie an –

Und wusste alles über sie.

Sie hatte ihre Verkleidung aufgegeben und viel
Anziehendes verloren.

Aber sie war noch eine Frau.

Keine Königin, keine Pharaonin, keine Göttin mehr.

Keine Kriegerin.

Verletzlich, ungeschützt stand sie vor ihm

Und schaute ihn an.

Nackt.

Offen auch der Blick.

Der Blick einer Frau.

Er hatte Zeit.

Sie auch.

Ihre Tricks, ihre Raffinessen hatte sie vergessen.

Und er, nicht anders als sie –

Kein Jäger mehr, kein Traum.

Kein König, kein Rebell.

Kein Macho, kein Held –

Aber ein Mann.

Nur ein Mann.

Nur ein Mann und eine Frau.

Keine Spiele mehr,

bis auf das Schönste.

Seine Frau. Ihr Mann.

Traumverlorenes & Fluggedanken

<u>Zu spät</u>

6.6.1995

Die Träume einer Nacht

Jugend wohlbedacht

Zerstört durch Alter, Unmut,

Leichtliebigkeit und Not

Im tiefsten Herzen

Eingehüllt in Qual und Schmerzen

Schlummern sie unerkannt

Von der Wirklichkeit verbannt.

Keime

25.6.1995

Mildes Gras

Tote in den Wiesen

Gräber in den Weiden

Altes Laub und Leben

Verfluchte Schuld

Unvergeben

Windhauch rührt betroffen

Feinste Gräser und Halme

Kein Laut vermag diese kleine Welt zu
durchdringen

Sonnenwarme Erde

Lässt Vergeben keimen.

Traumverlorenes & Fluggedanken

Glocken

29.4.1995

Tag – und Nachtträume

Beide unerfüllt

Getrieben sein

Und Hoffnung nicht verstehen

Verliebt in den Helden in sich selbst,

den Spiegel des Todes

Wirklichkeit gehasst

Es alles Fluch genannt und dabei gar nicht
gekannt.

Das Wissen um die Schuld und das Muss.

Die Liebe und den Wahnsinn.

Schwach sein und Stärke in sich spürend.

Sie alle gesehen.

Die Bilder der Toten,

der Inunslebenden, der Ehrenhaften, der
Mörder, der Rebellen.

Aber nicht so sterben wollen.

Aber Sterben ist die Erfüllung des Lebens.

Hingeatmet, ohne verstanden zu haben.

Gekämpft für was, für wen?

Glocken, die den Frieden einläuten, den es
nie gegeben hat.

Frieden. Freiheit. Gerechtigkeit.

Immer noch unerreicht.

Immer noch ungeschaut.

Immer noch gefoltert, getötet, verfolgt.

Im Schweigen ertränkt, in den Worten
verloren.

In den Kinderträumen aber erträumt.

Erträumt.

<u>Die Welt</u>

13.7.1995

Ein Stück der Welt.

Da Draußen.

Sichtbar zwischen zwei Zeltplachen.

Unsere Welt hier drinnen.

Eingrenzen. Ausgrenzen. Verbinden.

Ein Einschnitt. Eine Einsicht.

Erwachte Neugier.

Schwanken zwischen Sicherheit,
Geborgenheit

Und Neuem, Gefährlichem,
Abenteuerlichem,

Nur ein kleiner Spalt um durchzuschlüpfen.

Ob der Eingang auch Ausgang ist?

Der Ausgang Eingang?

Zurückkehren.

Wie denn?

Nach allem, was war...

<u>Glanz</u>

26.7.1995

Silberreif und grauer Regen,

schimmernde Fläche überweilt,

stumme Blicke voll Traurigkeit

trübe Sonne, gelber Mond

zerstritten sich am Himmel.

Berge gewaltig klein

Spiegelten sich im See,

Wasser tropfte und findet sich,

aber nur deine Augen glänzen.

Traumverlorenes & Fluggedanken

<u>Entführung</u>

20.05.1997

Ich lauschte dem Singen,

es erklang so weit draußen,

so weit fort,

hinter dem Felsen,

irgendwo, wo mein Blick es nicht fand.

Ich lauschte,

schlief ein

und erwachte nicht mehr.

<u>Einsam</u>

26.5.1997

Die Mücken verfangen sich in meinen
Haaren

Ich fahre, ich fahre,

keiner kommt mir entgegen, der mich zum
Anhalten zwingen würde –

nur Schatten, nur Schatten

und ich liebe es doch,

zu fahren, zu fahren –

auch wenn es ganz schön,

ganz schön einsam ist.

<u>Doch nie als Gefangene</u>

28.5.1997

Wo immer du mich fandest,

Du setztest mich nicht noch einmal aus.

In deinem Mantel geborgen,

fand ich ein Heim und zurück,

Wege und Hoffnung in altes, neues Glück.

Du, dessen Mantel nicht schwer zu tragen war,

trugest mich fort,

und nahmst mich doch nie als Gefangene.

<u>Regen</u>

3.6.1997

Beschlagene Scheiben

Und jeder guckt

Durch sein frei gewischtes Stück Glas nach
draußen -

Nur ich schau durch die Gucklöcher der
Anderen.

<u>Unverstandenes</u>

13.6.1997

Und spürte nicht den Regen,

lächelte nicht über den Sieg,

sah dir in die Augen und verstand nicht,

wie mein Sein verschwand, mein Ich –

und nur noch Du in meinem Kopf halltest.

<u>Hunger</u>

Wo immer Sterne stehen

Auch du wirst weitergehen

Ohne zu zögern,
ohne zu überlegen

Nur die eine Idee, die eine Kraft

Dass du die Liebe neu erschaffst

Dabei kämpfen und sterben willst

Damit du deinen Hunger

Nach dem Leben und der Wahrheit stillst.

<u>So</u>

Einen Platz in meinem Herzen sollst du
haben

Dein Bild will ich in mir tragen

Dinge sollen mich an dich erinnern

Deine Worte mir Ruhe bringen

Nahe will ich dir sein

Dir gehören allein

Zu beschützen hoff ich dich

Dass du mich nie vergisst.

Windlied

13.4.1998

*Es weht ein Wind zu jedem Haus
er geht hinein er kommt hinaus*

er wartet nicht er zögert kaum

er kommt um euch zu schaun

Er sucht sie sich, die mit ihm gehn

So rennet fort, er wird euch doch umwehn

So rennet fort, er wird euch doch umwehn

*(und als letzte Strophe, für
DEKLARIERENDE , 12.5.1998)*

Und bleibt er nicht bei euch stehn,

so müsst ihr trotzdem weitergehn

und bleibt er nicht bei euch stehn

so müsst ihr einfach weiter gehn

und bleibt er nicht bei euch stehn,

so müsst ihr immer weitergehn.

Meinem König

3.10.1998

Kein Feuer

kann verbrennen

ohne dich

ohne deinen Blick

bleibt jeder Feuerplatz

leer

Der Rauch zieht

nicht

durch den Kamin

hinaus über die

angespannten Gesichter

hinweg.

Es ist nicht meine Liebe

die die Flammen

züngeln lässt

an unscheinbarem Holz.

Kein Opfer

wäre groß genug

ohne Dich

ohne Deine Seele

bleibt jeder Altar

ein leerer Stein.

Die Schale füllt

sich nicht

über den Rand hinaus.

Es ist nicht meine Liebe,

die die Götter

horchen lässt

auf sing-sangende Stimmen.

Wahrscheinlich

11.10.1998

Ich glaube nicht

dass du lebst

irgendwo ohne mich

neugeboren sahst du so schutzlos aus.

Dich zu verlassen

ohne Zärtlichkeiten

ohne letzten Gruß

war beinahe mehr

als ich dir je geben konnte.

Ich weiß nicht

wer dich lieben wird.

Irgendwer mir ähnlich

Keiner deiner Blicke

deiner Küsse

wird ohne mich sein

denn ich hab dich wiedergeboren.

Du wirst frei sein.

<u>Die Vorzeigegeiger</u>

(16.3.1999)

Sie spielen immer noch

um Geld diesmal

nicht um ihr Leben

als wären sie noch immer im KZ.

Sie spielen das Lied

so traurig und schwer

es ist kaum erträglich

nicht für den Menschen

der millionenfach töten kann.

<u>lebende Generation</u>

(16.4.1999)

wo werden wir unbesonnen

Rauch als Rauch ansehen

Seife als Seife

Tod als Tod

Wo werden wir

was kann denn der Mond dafür

nie mehr lässt sich nicht sagen

(aber man muss doch!)

keiner tut es

keiner verdient es

den Mond zu besingen

Schwalben, Birken

versteh doch

Wörter sind grausam geworden

selbst das Leben.

Elektrozaun

rein

Doktor

nie mehr lässt sich nie mehr sagen

wo werden wir

welcher Reim braucht keine Worte

Es bleibt nichts

als Schrei

(Schrei als Schrei)

ohne Titel
(18.4.1999)

Nun schreien sie nicht mehr

die Menschen

vergewaltigt auch die Wörter

genozidiert

tätowiert

von Tätern deutsch wie diese Worte

glaubt nicht

dass der Tod jener Millionen

an diesem Wort hängt,

Millionen,

an diesem Wort hängen bleibt

ohne Vorstellung eines einmal gelebten
Lebens

der Leichnam wer nahm ihn auf

wer salbte ihn

wie muss sich der Tod gegraust haben

das Grausen des Todes war schlimmer noch

als das Lachen des Teufels

denn der war nicht in den Lagern

versteh doch dort gab es keinen Gott

Nur den Tod sperrten die Deutschen ein

und vergewaltigten ihn

wieder und wieder

armer Tod

<u>Glück</u>

13.8.1999

Der treuste Hund

zwischen zwei Religionen

ohne Absicht Rudelführerin

wo bleibt ihr

kommt

gezähmt durch ein zwei Blicke

sich über die Strasse getraut

eine leise Schaukel

zwischen Vertrauen und Furcht

auf beiden Seiten

verwundert

was Freundschaft kann.

Elementchen

6.1.2000

Dem Wasser gebe ich mich hin, der Erde.

Das Feuer erkenne ich und atme Luft, um
zu gebären.

Nicht Kabul sag ich,

warne Kassandra.

Schwimme aus Troja davon.

Buddle zu früh gestorbene Rosen aus.

Unter der Lava der Vulkane find ich mein
Blut.

Und singe deines.

Singe, ohne mir zuzuhören;

Thebenweit.

12.1.2000

Zeit, diese Stadt zu erobern

Mit dem Geklapper meiner Schuhe.

Zeit, diese Türme zu bezwingen

Mit Beifallsklatschen und Echorufen.

Zeit, diese Mauern einzunehmen

Mit Luftballonen und Kletterhacken.

<u>Sechs Millionen</u>

13.2.2000

und weine ich auch um Euch

so weinte ich doch noch

tausendmal mehr

ließe sich der Tod mit Tränen löschen

und all das Leid vorher.

Ließen sich mit Tränenbitternissen

Gräber schaufeln

euch zur Ruhestatt

und spräche das Herunterfallen meiner
Tränen

Euch ein Khaddisch

Millionenfach

<u>Mala</u>

18.1.2000

Weil ich an Mala glaube,

die acht Sprachen spricht,

die zu schön war,

deren Blut schöner war,

nicht verbrannte.

Weil ich an Mala glaubte,

die Edward liebte,

der ihr Blut nicht teilte.

Weil ich an Mala geglaubt habe,

verstand sie es, zu überleben,

starb als einzige Heldin

in einer Zeit ohne Frühling.

Weil Mala noch immer frei ist,

wie unter den Transporten von Kanada
heim.

Weil Mala Polen liebte.

Nastrowie, Mala.

Traumverlorenes & Fluggedanken

<u>Frei am 24.6.44</u>

18.1.2000

Ich weine

Tränen um Mala

Hier und jetzt

Denn ich stehe

Nicht zum Appell

Traumverlorenes & Fluggedanken

<u>Grabsteine für</u>

19.1.2000

Wenn Worte

Wenn unsere Gedichte

Grabsteine sein könnten

Ja dann…

Wenn…

Wenigstens das

Müssten wir tun,

wenigstens das.

<u>Deswegen</u>

19.1.2000

Weil sie aber in Polen blieb

Weil sie tanzte, mit Edward tanzte

Weil sie eine unverkennbare Schönheit hatte

Weil sie schön war Weil sie tanzte

Weil noch ein Galgen frei war

Nach siebzig Tagen Folter

Weil aber sie das nächste Aber sprach

Weil aber auch nach 140 Appellen

Alle noch einmal vierundzwanzig Stunden

Für ihre Freiheit ein – gestanden wären

Weil aber einer aufs Rasieren verzichtete

Weil aber einer ihr seine letzte Kugel schenkte

Weil aber Weil sie aber Mala war

Und weil Mala nicht sterben konnte

Bloß 19880

Deswegen schenkte sie Polen ihr Blut,

jüdisches Blut.

40

Kennst du nicht Mala?

19.1.2000

Kennst du nicht Mala, die Meldeläuferin?

Kennst du nicht Mala, Mala aus Polen?

Kennst du nicht Mala,
neuzehntausendachthundertachtzig?

Kennst du nicht Mala, in die sich Edward
verliebte?

Kennst du nicht Mala, die der Rasur durch
Schönheit entging?

Kennst du nicht Mala, im Güterwagen
versteckt im doppelten Boden?

Kennst du nicht Mala, für die wir
Strafstunden standen, nur allzu gerne?

Kennst du nicht Mala, die frei war und
tanzen ging?

Kennst du nicht Mala, erkannt und
gefoltert?

Kennst du nicht Mala, den unter dem
Galgen sterbenden Rasierklingenengel?

Kennst du nicht Mala, stummes Gebet der Übriggebliebenen, der Totmarschierten, der Befreiten?

Sprich nicht von Auschwitz, sprich von Mala.

<u>Blau</u>

19.1.2000

Ich vertage meinen Selbstmord

Tag um Tag

Sie versteht es

Gewiss,

auch wenn mein Band

mich für immer an sie bindet

und das andere Ende,

ihr Ende

im 65fingrigen Schattenbaum wächst.
Wächst und blüht.

24.2.2000

Ich nähe euch Flügel aus Elfenhaar

gerne, rufe euch Drachen

zum Fortfliegen herbei

einen Regenbogen, auf dem ihr weglaufen
könnt

und doch werde ich weinen, wenn ihr fort
müsst

bitte euch, mich nicht hier sterbend zurück
zu lassen

und wenn, dann schreibt

schreibt mir aus Karthago, Kabul, Askalon

aus aller Ferne

bis in meine Nähe

schreibt mir Worte

volltrunken von Wüstensand und der
Eisesweite

weil ich dann mit den Worten zu euch
fliegen werde.

Traumverlorenes & Fluggedanken

<u>stündlich</u>

24.2.2000

Du trinkst den Tod

wie alten Brandywein

er schreibt den Tod

wie nie gekannte Reime

nur ich trachte dem Tode nach dem Leben

euch geb ich nicht auf

25.2.2000

Meine Perlenkette riss.

Perlen verstreut

Tränen des Einhorns

Die Zeit leben die es braucht

All die Tränen wieder einzusammeln.

25.2.2000

Es sind nicht die Schatten auf meinem
Gesicht

Es ist mein Gesicht

Die Seele dahinter

Die Schatten unter den Flügeln des Engels.

Traumverlorenes & Fluggedanken

<u>Erkenntnis</u>

6.3.2000

das Problem war nicht der Engel, der fiel

das Problem war der Engel,

der den gefallenen Engel liebte

25.3.2000

Wetterleuchten

hellt meine Tage auf

die Übriggebliebenen

ich schau zu

wenn nur ich so leuchten würde

<u>Sommer</u>

17.4.2000

wie dunkel die Seelen immer noch sind

und wie hell die Sonne

Winterseelen

ewiges Eis

Abgründe in der Unsterblichkeit

Traumverlorenes & Fluggedanken

17.4.2000

... ein Sprung im Spiegel

kann der Grund sein

wenn du hindurchgehst

und nie mehr zurückkehrst

Traumverlorenes & Fluggedanken

<u>Ferne</u>

18.4.2000

Wir weiten uns aus

nehmen Ferne an

werden uns fremd

und die andere Welt

wird zu unserer

hinter dem Spiegel

ein Gezeichneter

Doppelzeichen auf der Stirn

die andere Welt in deinem Innern

wird mir zu groß

der Spiegel zeigt Schwärze

Himmelwärts

25.4.2000

Ich rette mich mit Worten

mich und die Welt ohne dich

meine Welt die vor dir nie existiert hat

und die doch ohne dich überleben muss

irgendwo verstoßen im Exil

<u>Definition eines KZ</u>

14.5.2000

Dort kannst du tot im Schnee herumlaufen.

Traumverlorenes & Fluggedanken

<u>Wesen aus Feuer</u>

28.5.2000

des toten Engels Lied

Aschenwolkenwind

Blutmohns trauriger Zauber

der letzten Tage Glut

Wesen aus Feuer

3.6.2000

Sie steht im russischen Kleid

wäscht junggrünen Salat

bereitet den Läusen den Wassertod

2.8.2000

Zitronensüßer Regen

Faltermörder

Sommer zerrinnt

sich sattdichtend

meiner letzten warmen Worte

<u>Kinder sollen</u>

5.9.2000

Kinder sollen glauben

nicht den Erwachsenen

nicht uns

aber den Engeln

die leise an ihnen vorübergehen

achtsam auf ihre Kinderschrittchen

19.9.2000

Blumen die verwelken

wären sie nur ein Zeichen

ich würde es gelten lassen

doch sie sind mehr

Realität schmerzhaft bewusst

ich würde bei Gott

ich würde es gelten lassen

dein Zeichen

deinen letzten Ruf

doch es ist nicht mehr als ein bisschen
Natur

ein bisschen Grausamkeit

19.9.2000

und du in dem Wind rufen

du nimmst mir mein Du nicht ab

wirst nicht Echo

lässt meinen Ruf sterben

Traumverlorenes & Fluggedanken

Alexandriia
22.9.2000

Ich fühle mich wie die Nacht

die mit mir spielt

tausend Segel entfernen sich von mir

und tausend Spiegel blenden mich

ich bin volltrunken all der Schatten

die in der Wüste blühen

tausend Tauben opfere ich unter der Sphinx

und tausend Löwen verschlingen mich nie
mehr

<u>Berge</u>

14.10.2000

Versteinertes Meeresrauschen

und Engel die gefallen

von Stein zu Stein hüpfen

<u>Am Meer</u>

15.10.2000

Ich reise dir hinterher

Jahrhunderte zu spät

die Farben des Meeres bleiben sich gleich

und ich warte auf ein Wunder

das geschieht wenn man liebt

<u>Katastrophe</u>

19.10.2000

Ob Liebe möglich sein wird,

jenseits des nächsten Tages?

Ich denke nicht an die nächsten Jahre,

die vergehen können ohne einen vergessenen
Augenblick mit dir.

Nie würde ich das Schicksal betrügen.

Ich denke an die Stunden nach der Sintflut,
nach dem Erdbeben,

das unser jetziges Leben zerreißt.

Ich denke an dich.

<u>Briefe</u>

13.11.2000

Ich würde die Gegenwart nehmen

sie lieben

ohne weiteres die Scharlachgegenwart
akzeptieren

wenn es nicht jene Vergangenheit gäbe

die sich mir aufdrängt

behauptet die meine zu sein

4.12.2000

austrinken

den Trank töten

sie schreit

ich liebe dich

ich trinke aus

Tod ich rufe dich
5.12.2000

Tod ich rufe dich

nenne dich zärtlich Sommerland

mein warmes, gutes

trinke Freundschaft mit dir

nehme Abschied

und kehre ins Leben zurück

Traumverlorenes & Fluggedanken

<u>Du Engel</u>
6.12.2000

Du Engel

liegst in meinem Bett

duldest Nähe

meines menschlichen Körpers

Ich biete dir die Stirn

zum himmlischen Zeichen

du musst mir Liebe gebären

<u>Klagfrage</u>
6.12.2000

Wo war der Engel

der nein sagen sollte

der sich langsam verwandelte

in den Engel des Todes

der den rollenden Zug nicht aufhielt

so wie damals der Engel

der Bileam im Weg stand

damals, als die Menschen Feuer fingen

<u>Der Stern, dem ich folge</u>

1.1.2001

Der Stern, dem ich folge

ist nicht der Davidstern

Er leuchtet heller

es ist der Stern, dem ich folge

es ist der Stern, der über Bet Salem hängt

Der Stern am Ende der Stadt

der allerletzte Stern

Es ist dein Stern

Der Stern, dem ich folge

<u>Liebe mich nicht</u>

8.1.2001

Liebe mich nicht

sagte die Wasserfee

versank in der Tiefe

ich verstand

sie wollte frei sein

Mein Muschelhorn nahm ich

zwang sie an die Oberfläche

ertrug heldenhaft ihr Weinen

und liebte sie

8.1.2001

Wüste versank

die tödlichen, kleinen Kometen

letzte Worte für den Grabstein

Geh zum Steinmetzen

ich werde es nicht tun

verlange nicht den Tod meiner Liebe

ganz egal, wie tot deine auch sein mag

Meine ist unsterblich

so wie die Wüste

<u>In dir</u>

19.1.2001

Ich bin dir begegnet im Trommelwind

das erste Mal und wieder und wieder

wurde ich getauft auf deinen Namen

immerzu den Deinen flüsternd

Namenloser   Höchster

in der Zärtlichkeit einer Berührung

lag dein Gesicht verborgen

In jeder Umarmung warst du

und ich war in dir

<u>Das Mädchen</u>

1.4. 2001

Lach, sagte es.

Der Clown fing an zu weinen.

Sei lustig, sagte es

und es regnete.

Sei schön, flüsterte der Clown

und das Mädchen begann sich in

eine Blume zu verwandeln.

10. 4. 2001

Der Herzschlag deiner Trommeln

heilige Gebeine der Erde

Lavaströme im gläsernen Hain

totschöne menschliche Gewänder

in deiner eigenen Sehnsucht

Schlag um Schlag

Stein um Stein

die Brücke fällt in den Staub

deine Asche verweht der Wind

Ich bin es, sagen deine Hände

auf der ledernen Haut

Ich der Gott der letzten tausend Jahre

<u>Balkis</u>

18.5. 2001

Salomons Schlossweg

Weißgetüncht

Leichenblass

Die tote Königin verlässt ohne Geschenke

Den Mann ihres Lebens

21.5.2001

aber vergiss nicht die Zeit

die dich alt gemacht hat

Bettlerseide

Ich zärtle mit der Sonne

Ganz mondfremd ganz nah

Königin der Sterne

21.5.2001

Ich schenke euch mein stilles Lied zwischen
den Kastanienbäumen

Ich baue euch mein zartes Schloss in den
weißen Wellen

Ich rufe euch den geheimen Spruch der
alten Weisen zu

Ich verknüpfe euch mit dem fahrenden Gott
der Brot und Schwerter bringt

Ich grüsse euch, ihr Schatten des Lebens

Ich schenke euch mein totenstilles Lied.

27.5.2001

Ich schmiede den Stern jeden Tag ein wenig
neu

Nur für den Fall dass ich einmal als Engel
erscheinen müsste

Er sucht mir die tausend Federn Stück für
Stück zusammen

Und wir kleben sie auf den Saum meines
Kleides

Nur für den Fall dass ich einmal als
Schwan singen müsste

Sie trägt Kirsche um Kirsche in meine
Höhle

Und wir versuchen das Gift zu erhaschen

Nur für den Fall dass ich einmal selbst auf
die Bühne müsste,

um ein wenig tot auszusehen.

29.5.2001

Staubspuren sanft dämmernd

Mondfrau

Mein Positionslicht lieblächelnd

Sie hoffen auf den Wetterzauber

Sie hoffen auf das Unglück der Anderen

Um selbst nicht verschwinden zu müssen

In den Untiefen der Grausamkeit

Sie hoffen.

Ich hoffe dass der Mond Papst wird.

Wir alle hoffen.

Traumverlorenes & Fluggedanken

29.5. 2001

Mein Kuschelplatz

mein Balkon vor Arkadien

Lieblingsbühne der Welt

Winterstaub

Sommerfußspuren

hier bin ich frei

<u>Pompeya</u>

29.5.2001

jederzeit bin ich bereit

jederzeit erwarte ich die glühende Lava

den unendlichen Strom der Zerstörung

das fahle Licht meines Todes

der in dreihundertvierzig Jahren

für die Unsterblichkeit konserviert wird

ich lächle den Archäologen der Zukunft zu

<u>Raunächte</u>

26.12.2001

Raunächte

Schöpfe aus mir

Koste mich

Mach mich zum Geschöpf deiner Liebe

Zu nichts anderem mehr

Dein will ich sein.

5.12.2001

*Mein Schwert ist meine Morgengabe für
meine Königin.*

Schwester der ewigen Braut

Ihre Liebe schaut mich an

Schmiedet mich neu

Zauberkind

1.3.2002

Was braucht es zum Zaubern?

Nadel und Faden.

Was braucht es zum Zaubern?

Ein Kuss und eine gute Hand.

Was braucht es zum Zaubern?

Ein Haar nur und ein wenig Sand.

Was braucht es also nun?

Nicht mehr als du hast.

Traumverlorenes & Fluggedanken

<u>Pfingstleipzig</u>

18.5.2002

Ich lebe in deinen Träumen zu sein

Der Springbrunnen im Park erinnert sich deiner

flüstert Mandragora und Mondzauber

seltsame Worte in einer dir kalten Welt

uralte Sprachen lernt dein Herz das meine sprechen

die Bäume genießen den Zauber voller Harz

Bernstein deiner Augen in Millionen Jahren

taumelnd fließe ich dir hinüber, dir zu

deiner gekrönten Seele, deinem verletzten Körper

Du lerntest mich nie schreiben

ich erfand es selbst

Doch bist du meine Feder

dein Blut sei meine Tinte

auf dem Pergament meiner Haut.

(für R. in Erinnerung an unseren
Rheinspaziergang)

<u>Lagerfeuer</u>

25.12.2002

Ich kam über die Wolken in dieses Land

erschrak

trank Katzenblut, geronnenes

wollte tot sein

Ich kam über die Felder in dieses Land

vergaß

liebkoste mich halb zärtlich

erschrak

Ich kam nie an.

Nirgendwo.

blieb Zigeunerin

mit verrosteten Flügeln

voller Gier.

Im Fetzenkleid
16.11.2003

Im Fetzenkleid

Steige ich auf die Berge

Rufe in der Dämmerung nach Rom

Töte Ratzingers Grausamkeit

Lebe Mitleid mit Christen

Spreche mit den Fischen

Und wehe mit dem Wind davon

Es ist mir, als blieben die Riesen

Alleine in diesem Land

Als könnte ein Mann viele töten

Als schliefen die Hunde

In wachsendem Zorn

Rom erwartet mich

<u>Roma</u>

23.2.2004

Bin ich Füchsin

bin ich Wölfin

spiele ich mit meiner Beute
schreite ich wie ein tödlicher Engel dahin

lebe ich in einer Fluchtburg

bewaffnet bis aufs Blut

bin ich kaltblütig

bin ich heiß

spielt der Wind mit mir

auf alten Mauern

drohe ich

zu fallen

zu leben

in deinem tiefsten Unglück

bin ich Füchsin

bin ich Wölfin

säuge ich die Mörder an meiner Brust

<u>tlaxtli</u>

1.8.2004

Einen Stern ausgraben

voller zerspielter Magie.

Einen Kuss ausschöpfen

zuweilen ohne Grund.

Einen Spiegel auskosten

über die Grenze hinaus.

Ein Opfer ausdenken

mit einem einzigen Ziel:

Ein Spiel ausleben

unter kostbarem Blut.

Beso de Angel

1.8.2004

Meine eigene Spur aufnehmen

wiederfinden was ich aus dem Herzen verlor

erahnen nach welchen Schätzen ich tauchte

Jahrhunderte zuvor

den verborgenen Reimen zwischen Zweigen lauschen

ohne zu wissen, was mich durchs Dickicht trieb

Das Glück versuchen um dunkel zu träumen

welchen Tanz ich furchtbar liebte.

Schneekönigin

2.1.2005

Schneekönigin,

deine Liebe ist wie Kälte

wie die Leere nach fünf Drogenexessen

deine Liebe ist wie ein Fluch schlechtgelaunter Elfen,

die beleidigte Elfenkönigin

sitzt genauso wie du auf ihrem Thron,

das Herz voller Neid auf die Menschen

warme Menschenkinder

die doch dein Herz nie schmelzen können…

<u>Visionen</u>

2.1.2005

Vielleicht erfahre ich,

was morgen sein kann,

ohne in den Brunnen zu schauen,

ohne mein Blut zu opfern,

der Göttin von Angesicht zu Angesicht gegenüber zu stehen,

ohne Schmerz

ohne alten Zauber…

Nur so.

4.1.2005

Du liest mich

Wie ein Gedicht

Als wäre es schön

Mit zitternden Fingern

Blätterst du die Seiten um

Liest mich

Wort für Wort

Und lässt dich

Von meiner stillen Poesie berühren.

<u>fallen</u>

7.1.2005

Ich falle aus dem Bett
wie eine Katze
und streife mein Fell ab
lächle sanft in die Richtung
meiner Göttin mit den Katzenohren
bin da
um mich kraulen zu lassen
im Nacken
zwischen den Beinen
an meinem Puls
und die Arme hinauf
bin da
ganz Katze
ganz Göttin
ganz Gefallene

<u>Irrsinn</u>

3.3.2005

bin ich von Sinnen

bin weit entfernt von jeder Vernunft

oder nur weit von dir

bin ich trunken

von Glück weil ich weiß wer du bist

oder trunken vor Traurigkeit

weil du weit bist

bist du ein Traum

oder nie gekanntes Glück

träume ich Zukunft

oder ist alles nur Irrsinn

8.4.2005

Es wachsen mir die Rosen aus meiner Brust

Meine Knie fürchten sich vor ihren Dornen.

Flossen, Meereskind, Flossen

13.7.2005

Wo hast du deine Flossen, Meereskind?
Zweifelst du, dass die Wellen, die Fluten,
die Wasser dich tragen werden?
Bist du meerfern geworden, deinen
Nymphenschwestern fremd?
Kennst du noch deine Möglichkeiten und
Wege?
Meereskind, Meereskind, weißt du
überhaupt noch, wer du bist?
Wer dich geboren, geliebt und gefürchtet
hat?
Ach, Meereskind, du ahnst deine Schönheit
nicht mehr, glaubst dich hässlich,
weil du dich nach Beinen, Läufen, Krallen,
Pranken und Hufen sehnst und
nicht ahnst wer du bist.
Flossenkind. Sturmfrau. Wasserbraut.
Nachtglanz.
Und alte Legende.
Zweifle nicht daran, dass es dich gibt.
Wisse, dass du nicht auf dem Wasser zu
gehen brauchst-
du selbst bist das Meer, das Salz darin und
die Fische.

Du musst kein Menschenfischer sein.
Nur dich selbst, Meereskind.
Erinnere dich an dich selbst, an deine
Schönheit, an deine Schwestern und
an deine Fähigkeit, zu schwimmen.
Flossen, Meereskind, Flossen!

5.10.2005

Ich ertrinke in meiner Sehnsucht nach dir

Ich lasse es gerne zu.

Sanfter Tod für mich und meine Lungen

Im Wasser löse ich mich auf

bin nur noch Meer,

sehnsuchtblaues Meer,

nach dir süchtige Wellen.

<u>Edelblut</u>

5.10.2005

Die Luft küsst mein Blut

Tötet das Wasser in ihm

Der Duft scheint mir edler

Als mancher Wein

Und in jenem Rot

Verlieren sich die Elfen

Vergessen ihre Fehden

Und selbst ich zerfließe in dieser Farbe.

Traumverlorenes & Fluggedanken

13.10.2005

Mag sein, dass es Tage gibt, da du mir fern
bist.

Mag sein, dass es Tage geben wird, da du
mir nah bist.

Vielleicht gehörst du mir in meinen
Träumen jede Nacht.

Vielleicht weine ich einmal an deinem Grab
oder du an meinem.

Vielleicht werden wir uns auch wieder
einmal fremd.

Schlussendlich rauscht mein Blut mit
deinem.

Und mein Herz wird immer behaupten,

das deine gekannt zu haben.

14.10.2005

Ich bin jetzt hier.

Blut und Sternenstaub.

Es bedeutet viel, hier zu sein,

den Raben zuzusehen.

Sicher können wir nicht in jedem
Augenblick unseres Lebens wissen,

was für ein Wunder unser Hiersein ist

und doch ahnen wir es.

Traumverlorenes & Fluggedanken

<u>Herznahrung</u>

21.10.2005

Zauberfaden den ich fand

Leise dir ins Schicksal wand

Da und dort ein Glitzern noch

Ein Herzpochen in der Nacht

Leis im Märchen unserer Zeit

Das unser Märchen sei

Deine Liebe meine Liebe

Zaubert das Gold nun endlich wieder-

Zu Brei.

<u>Gedichtet</u>

27.10.2005

Sei willkommen

Schwarzschwan

Zerflossenes Siegel

Meines Selbst

Gesang höre ich,

den ich einmal ahnte

gewählte Lebenszeilen

gewählte Liebe

gut gewählter Schwur

Brich das Siegel

Schöpfe aus meinem Selbst

Lebe meine Zeit

Liebe mein Schicksal

Dazu verdamme ich dich.

Traumverlorenes & Fluggedanken

<u>Für jede von uns</u>

30.10.2005

Ich war mir nicht sicher

Für wen die Feuerelfe tanzte

Für dich für mich

In deinem Blick sah ich Liebe aufflackern

Und irgendwo in meiner Seele glimmte
Verlangen

Der Rauch stahl dich mir

Und schenke dich mir auf ein Neues.

Samhain

2.11.2005

Es ist diese Zeit, in der wir uns laben.

Es ist diese Zeit, in der wir uns laben

Am Blut der Anderen

Am Blut der Ahnen, das unser eigenes ist.

Wir verschlingen das Leben

Gebären dunkle Worte

wir verlassen den heiligen Hain

und graben uns tief ins Erdreich ein

wir jagen Inanna nach voller verrücktem Wahn

und besuchen mit ihr Ereshkigal,

den Schrecken der Nacht und des Todes.

Wir verschlingen das Blut Wir verschlingen uns selbst

Und gebären uns neu

Mitten im blutigen Schaum

Mit zerbissener Nabelschnur

Zerbissen von Dumuzi

Zerbissen von einem toten Gott

Traumverlorenes & Fluggedanken

<u>Fundstücke</u>

11.11.2005

Bin ich selbst eines

Eines in deinem Leben

Oder in meinem eigenen

Wurde ich gefunden

An einem weiten, einsamen Strand

Von Wellen umschmeichelt

Wurde ich gefunden

Ganz unabsichtlich

Bin ich ein Vogelnestchen

Von einem Kind eilig nach Hause getragen

Ein verlorenes altes

Bin ich selbst eines

desert symphony

15.11.2005

Was mache ich mit den Sternen von dir?

Was mache ich mit deinem Blut,

was mit deinem blutigen Herzen?

In meinen Höckern trage ich deine Liebe
durch die Wüste

Und überlebe den Sandsturm im Bauche
eines Kamels

Das Feuer aus Kameldung und alten
Briefen

Vertreibt nachts die Schakale

Im Sand ahne ich das Meer meiner Gefühle

Alte Muscheln versteinertes Fischherz

Immer mal wieder ein paar Knochen von
dir.

<u>PAIN</u>

22.12.2005

Ach schwarze Schwestern

Hunger ist kein poetisches Wort

Aidswaisen kein Stabreim

Doch wenn ich nicht über euch schreibe

*Warum schreibe ich dann über jene sechs
Millionen?*

Wenn ich euch nicht sehe und euer Leid

Wie kann ich dann noch Worte finden

*Wenn Schmerz nicht beschrieben werden
kann*

Was bleibt dann noch?

<u>Januschka</u>

7.12.2005 / 1.1.2006

Nur eine Haut zwischen uns

Wie gewinne ich dein Herz

Du bleibst mir ein Rätsel

Und ich vergesse um dich zu kämpfen

Untersage mir jeden Zauber

Friere im Winter meine Gefühle ein.

Ja, ich trage den Grabschmuck der Königin

Die Ungläubigen winseln vor meiner Tür

Die Ahnen warten auf meinen Tod

Damit ich ihnen unsere Geschichte erzählen
kann.

Januschka und die liebeskranke Zauberin

4.1.2006

Luftkind, kaum geboren

Sehnsucht nach Sturm

Verlangen nach Weite

Überführt in unendliches Schweigen

Schwingen gewachsen

Und Lippen so süß

Süßlippiges Kind

Drei Stunden Flug

Flog das Fliehende

Bevor es erwachsen starb.

Eisiges Land

13.1.2006

Ich habe mir ein Winternest gebaut

Komm dir will ich es zeigen

Die Herbstkönigin hat mir nie geglaubt

Sie wollte bei mir bleiben

Wohl weinte ich als sie verschwand

Zwischen jenem grünen See und jenem
klaren

Doch bat ich keine andere als nur dich um
deine Hand

Wollte ich auch mit ihr den Frieden ewig
wahren.

Frühstück

27.3.2006

Noch entdecke ich die Tränenspur meiner
Nächte

Wandle auf den Fährten meiner Träume

Noch bin ich wach für das Schicksal

Wach für den Räuber meiner Sehnsucht

Mein Schlafnest fällt in sich zusammen

Stück für Stück

Mein Körper isst Frühstück

Und ich schlafe wieder ein

9.4.2006

Ich dusche mich aus der Nacht

Nachthaut schwimmt davon

Mein Körper wird klar

die Grenzen meines Seins

die Sehnsucht schäumt auf

meine Lust ermüdet

und ich erwache nass

9.4.2006

Der Hunger treibt mich um

Lust auf Erdbeeren

Der Hunger nach dir

Gier nach deiner Haut

Ich bedarf deiner Nähe

deiner Antwort auf meine Gebete

warmes, endloses Gefühl

in meinem Bauch

Traumverlorenes & Fluggedanken

10.4.2006

Meine Worte flogen durch dein Herz

sind herzwarm geworden

sanft, bleiben traurig,

doch wurden erhellt

bleiben meine

doch sind auch deine geworden.

ma belle fleure

20.4.2006

Ich suche in meinen Träumen nach dir

nie finde ich dich

sag mir, wo suchst du nach mir

wo küsst du allzeiten nur mich?

viele Worte besitze ich

doch deine fehlen mir

ma fleure, ma belle

getreu bleibe ich nur dir

(für J.)

Traumverlorenes & Fluggedanken

An dich

15.5.2006

Was schweigst du in meinen Träumen

Wo hauchst du fremde Fensterscheiben an

malst Tränen in deinen Atem

was schweigst du in meinen Gedanken

an dich

wo wirfst du Rotrosen

in frische Gräber

wirfst Graberde darauf

ohne Tote

wie wanderst du ohne mich über die
Karpaten

 Ich sehen nur Gräber und dein Herz

denen meine Traurigkeit fehlt

Leb wohl. Stirb wohl

Aber geht nicht zu weit fort.

<u>Chaja</u>

18.5.2006

Wie ist das Leben, meine Freundin?

Lohnt es sich, wiedergeboren zu werden?

Warten noch viele auf den Messias?

Lohnt es sich, meine Staubspuren,

meine Seelenasche aus dem Kamin zu
kratzen?

Gibt es ein Zion, meine Freundin?

Gibt es Frieden in Israel?

Lohnt es sich, die Schabbatkerzen zu
entzünden?

Gibt es mein Volk noch?

Wie viele lachende Rabbis hast du in letzter
Zeit gesehen?

Oh meine Freundin,

gibt es uns noch

außer in unseren Wolkengräbern?

Wunderhaut

13.6.2006

Meine Haut

Entstand sie aus Wunden

Berühre sie und mit ihr meine Seele

Finde Sternbilder von Muttermalen

Suche Spinnweben und vergangenes
Lächeln

Weise heilt meine wunde Haut

Zauberhaut

Dort wo meine Seele anfängt und endet..

<u>Sturmsee</u>

16.6.2006

Weiße Blütenelfen

Wehen durch die Luft

Ich blicke über die Wellen

Und manchmal zu dir..

Frage mich, wer du bist

Wer du für mich sein könntest.

Sehe den Sturm dich umtanzen

Ersehne, selbst Sturm zu sein

Oder zumindest Blütenelfe.

Meine Sehnsucht gilt nicht dir –

Und doch gehört sie dir.

Noch Zeit

24.6.2006

Noch halten die Federn in meinem
äußersten Haar

Bieten Schutz und Fluggedanken

Schenken Wünsche nach freiem Flug und
sachter Landung

Noch weben die Rosen in meinem dunklen
Herzen

Bieten Liebe und Hochlust

Schenken der Königin Wärme

Und Hitze, Sehnsucht nach einem Platz für
uns.

Noch reifen die Äpfel in den Bäumen des
Hains,

bieten Grenze und Einladung,

schenken Saft und Fruchtfleisch,

Geschmack nach Sommer, säuerlich frisch.

Noch sind wir alle hier.

Bald schenke ich uns

Abschiedsschritte, Tränen, Worte wie diese.

<u>Höre Israel</u>

19.7.2006

Wie dumm wir waren als wir an Zion
glaubten

Als wir von Passahfesten in Kibutzim
träumten

Im Rauch von Auschwitz entstanden
Friedenshoffnungen,

an dich, Zion, klammerten sich damals die
Menschen fest, als es kein Stückchen Brot
mehr gab, um sich daran zu klammern.

Höre Israel

Kain lebt noch.

In deinen Mauern, Zion, lebt der Hass.

Der Traum von dir ist zum Schrecken
geworden.

Zion starb in den Bomben, die auf Libanon
fielen.

Kibbuzkinderträume, meine, die meiner
Mutter, sind kriegszerstört, angsterfüllt.

Traumverlorenes & Fluggedanken
Meine Töchter werden nicht mehr von Zion
träumen.

Nur Zedernasche bleibt.

Sprich Israel.
Sprich ein Khaddisch für Zion, jenen toten
Traum.

<u>Magdalene</u>

2.8.2006

Wie weiß ich, ob dass Gewitter mich meint,

oder uns oder eine Fremde?

Wie weiß ich, ob das Leben mich einlädt

oder ob die Zeichen nur Zufall sind?

Wie weiß ich, ob diese Stadt mich meint,

mich liebt oder ob wir beide nur Huren
sind, die einander Liebe vortäuschen?

Wie weiß ich, ob meine Seele gerettet ist
oder ob ich nur die Füße eines Mannes
küsse und nicht die des Messias?

Wie kann ich sicher sein,

das richtige Leben zu leben?

Wie nur.

Traumverlorenes & Fluggedanken

<u>Liebste Stadt</u>

8.9.2006

Ich könnte jeden Zauber über dich werfen,

um dich zu gewinnen.

Ich könnte dir jedes Glück mit einer
Anderen gönnen.

Ich entscheide mich nicht,

lasse den Mond schwinden,

friere wegen deinen freundschaftlichen
Umarmungen,

zähle Sterne ohne den deinen zu finden

werde dir fremd um nicht verletzt zu
werden

werde mir selbst zu einer Fremden

ziehe alleine in den Mauerpark

wundere mich, warum ich Miete bezahle,

besetzte Katzenkörbe,

schaffe meine Kindermatratze auf die Strasse,

gab die Wiege auf - schon lange!

Ma Bonheure

8.9.2006

Das Glück und ich

Haben eine Übereinkunft getroffen,

nicht nacheinander zu fragen,

nicht unerwartet vor der Türe des Anderen
zu stehen und zu klingeln,

aber doch da zu sein,

in Notfällen, bevor eine von uns von der
Brücke springt.

(Ich bin mir nicht sicher, ob mein Glück
Katholikin geblieben ist.)

So leben wir gut nebeneinander,

wie ein gutes Ehepaar,

mein Glück und ich.

Besucht es mich aber einmal,

werfe ich es nicht hinaus,

aber schlafe an fremden Orten

und eile danach alleine zur Kussbrücke.

<u>Sanfte Ruhe, ruhe sanft</u>

20.9.2006

Ich häute mich herbstlich

Trage meine Trommelhaut

Schicke den Gott in die Unterwelt

In die tödlichen Arme der Göttin

Mit einem schönen Kuss, schmerzend.

<u>Kussfieber</u>

28.9.2006

Es erschöpft mich, krank zu sein.

Oben an der Zimmerdecke ohne Stuck

flattert die Gesundheit wie ein gewöhnlicher
Falter

mag keine Haschversuche machen

zwischendurch Lust, mich selbst zu lieben

doch keine Kraft dazu

möchte nach Hause

ohne zu wissen wo das sein soll

herztiefes Heimweh

schwache Erinnerungen an schönes
Kranksein

ans Umsorgtwerden

Scharlachburgenbauen

An Zeiten, in denen nächtliches Wimmern
gehört wurde

Krankeskindinstinkt der tröstenden Mutter

Traumverlorenes & Fluggedanken
Hand auf meiner Stirn vertreibt Fieber

Heute nur die Ärztin

Ich schimpfte mit ihr

Wie kann ich denn gesund werden ohne
Kuss?

Wo denn Existenzberechtigung,
Existenzbeglaubigung herholen?

Existiere ich ohne das Wunder fremder
Lippen zwischen den Meinen?

Immer neue Kusspartner

Immer neue Frösche

Nie das Prinzenwunder

Zertanze meine Schuhe immer noch selbst.

Verliere keinen davon, damit meine
Schwestern sich nicht blutig schneiden
müssen

Ihre Narben heilen.

<u>Für euer</u>

14.1.0.2006

Mauersegler flogen davon

Auch mein Findelkind

Ich teile die Sehnsucht der Herbstblätter

Entlasse Sommersklavinnen aus meinem
Dienst

Wintermäntel sitzen auf allen Balkonen

Es war eine solch schöne Zeit

Für immer Frühling in meinem Blut

Für immer Berlin

Fate

16.10.2006

In welcher Gestalt auch die Liebe an meine
Tür klopft

Ich werde sie hereinbitten.

Wann immer das Glück mich besuchen
will,

ich werde zu Hause sein,

den Teekessel auf dem Feuer und das zweite
Paar Hausschuhe bereitgestellt.

Kommt aber das Schicksal eines Tages bei
mir vorbei,

so schicke ich meine Dienerin,

um die Türe zu öffnen und herauszufinden,

wer hereinkommen will,

wer unser Gast sei

und welche Teesorte ihm beliebt.

Tanz in den Frühlingsreigen

19.10.2006

Wie viel verlor ich

Deine Liebe, deinen Mund, deine Nachtgeräusche,

meinen Zufluchtsort, unsere Körper im Gewitter, mein stilles Lächeln in deinen Armen.

Wie viel habe ich zu gewinnen

Fremde Küsse, fremde Haut, neue Zärtlichkeiten

Altbekannte Gefühle, vertraute Leidenschaft

Neue Tänze

Kristallkugel

29.10.2006

Ich seh ein Herz das für mich schlägt.

Ich seh einen Vogel der für mich singt.

Ich ringe mit dem Schlaf um mehr Stunden
mit dir.

Ich kämpfe gegen den Tod um länger bei
dir zu bleiben.

Ich sehe Bäume wachsen und Korn reifen,

sehe Früchte die geopfert werden.

Ich sehe in den Herbst hinein und
dazwischen den Frühling.

Ich sehe die Kälte die verschwinden wird.

Ich sehe dich. Ich sehe dich.

Ich erkenne dich. Ich sehe dich.

Impressum

Bibliografische Information der Deutschen Nationalbibliothek
Die Deutsche Nationalbibliothek verzeichnet diese Publikation in der Deutschen Nationalbibliografie; detaillierte bibliografische Daten sind im Internet über http://dnb.d-nb.de abrufbar.

© 2008 Sonja Buchmann

Urheberrechte Bilder und Texte:

Sonja Buchmann, Zürich

Herstellung und Verlag:

Books on Demand GmbH, Norderstedt

ISBN-13: 9783837063370